Dieses Buch gehört

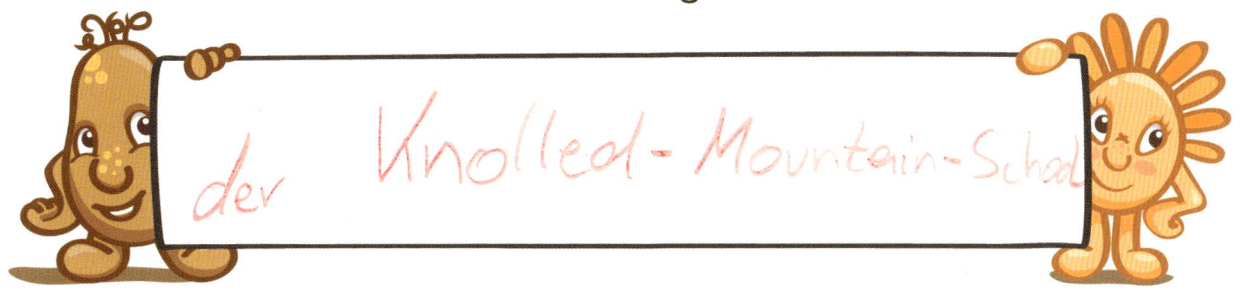

der Knolled-Mountain-School

und ist allen Kindern gewidmet,
die bereit sind,
die Zusammenhänge und Kreisläufe
auf unserer Mutter Erde
zu verstehen und
mit der Natur in Harmonie leben wollen.
Auch Erwachsene sind davon nicht ausgenommen.

IMPRESSUM

Herausgeber: Impulsmedien Verlag

Ausgabe 01/10–2014

44 Seiten, 4-farbig, illustriert

ISBN-Nr: 978-3-9503900-0-1

Idee/Text: Toni Ithaler

Konzept: Marketing Design Multimedia Matthias Ithaler, Daniela Hinterreiter

Druckmanagement: Book-Print-POSmaterial, Manfred Kleisel

© 2014 Impulsmedien Verlag

Toni Ithaler / Matthias Ithaler

Effi und Miki in der Schule

„Hallo, ich bin Effi!"

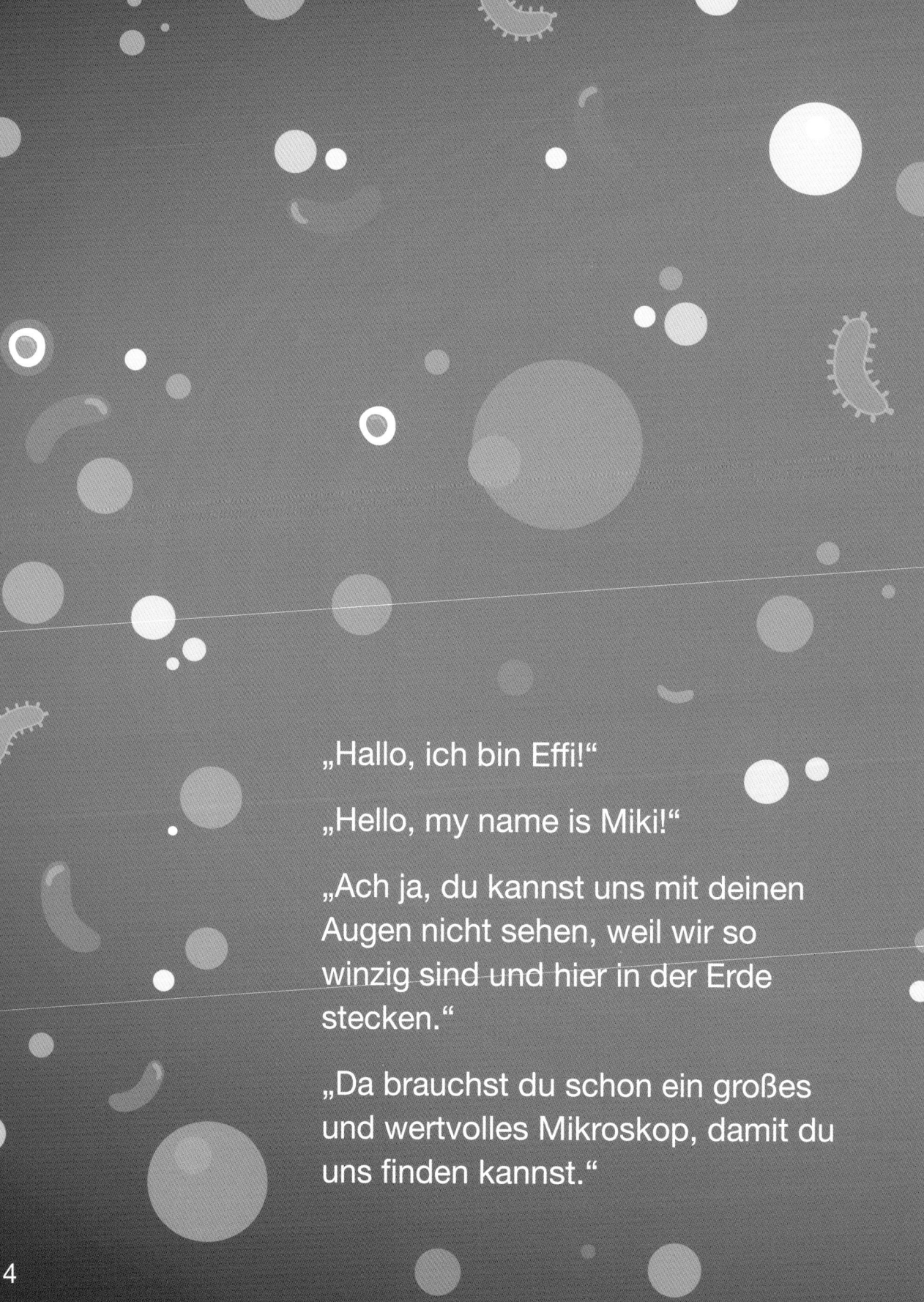

„Hello, my name is Miki!"

„Ach ja, du kannst uns mit deinen Augen nicht sehen, weil wir so winzig sind und hier in der Erde stecken."

„Da brauchst du schon ein großes und wertvolles Mikroskop, damit du uns finden kannst."

„Wir gehören zur großen Familie der Mikroorganismen. Mikro heißt besonders klein, und Organismen bedeutet, dass wir lebendig sind."

„Wir heißen ganz genau Effektive Mikroorganismen.
Effektiv heißt, dass wir als kleinste Lebewesen für euch Menschen und eure Welt besonders nützlich sein können."

„Aber blättere einfach im Buch weiter, und du erfährst noch eine ganze Menge über uns!"

Effi und Miki warten ungeduldig in einem dunklen Behälter vor der Schule.

Sie sind noch winzig und nicht zu erkennen, weil sie sich erst in der Schule zu richtigen Effektiven Mikroorganismen entwickeln werden. Aber auch dann werden sie so klein sein, dass wir Menschen sie mit unseren Augen nicht sehen können. Doch das, was sie bewirken, können wir überall entdecken.

Sie gehen nur zehn Tage in die Schule. In dieser Zeit lernen sie, wie Effektive Mikroorganismen der Mutter Erde und allen ihren Lebewesen helfen können.

Alles, was Effi, Miki und die vielen anderen in diesen Tagen brauchen, kommt ins Schulhaus hinein.

Zuerst einmal gutes Wasser, danach ein süßer Brei, der Zuckerrohrmelasse heißt. Er bleibt bei der Zuckererzeugung übrig.

Wasser und Zuckerrohrmelasse sind die Nahrung in der Zeit, die alle zum Heranwachsen zu Effektiven Mikroorganismen benötigen. Diese bräunliche Flüssigkeit schmeckt einfach köstlich!

Endlich dürfen Effi und Miki, die auch in einer Flüssigkeit mit vielen anderen verschiedenen Mikroorganismen, Bakterien und Hefepilzen schwimmen, ins Wasser mit dem süßen Brei.

Wenn alle im Schulhaus sind, wird es bis zum letzten Rand mit gutem Wasser gefüllt und fest verschlossen. Dann wird, obwohl es draußen nicht kalt ist, alles auf eine bestimmte Temperatur aufgeheizt. Diese Wärme muss während der ganzen Zeit gleich sein.

Im Schulhaus, einem großen Behälter, ist es angenehm warm. Alle schwimmen in der warmen Flüssigkeit und bekommen süßen Brei, so viel sie wollen.

In diesen Tagen sind alle im Schulhaus eingeschlossen, und es darf keine Luft, vor allem kein Sauerstoff, in den Behälter kommen. Wenn durch die unzähligen heranwachsenden Mikroorganismen zu viel Gas entsteht, wird der Dampf einfach über eine Art Rauchfang abgelassen.

Effi und Miki hören, dass sie ganz besondere Lebewesen sind.

Sie zählen zu den Mikroorganismen, die aufbauend sind. Sie werden, wenn sie die Schule verlassen, Pflanzen, Tieren und Menschen helfen können, dass sie kräftig werden, gesund bleiben und sich auf der Mutter Erde wohlfühlen.

„Aber es gibt auf unserem Planeten genauso viele abbauende Mikroorganismen. Diese sollen alles Schwache und Kranke zerlegen. Schließlich lauern überall zerstörerische Mikroorganismen, die krank machen und alles vernichten können. Das hat die Mutter Erde so eingerichtet", erklärt eine Lehrerin.

„Und da draußen in der Welt, da gibt es unzählige Mikroorganismen, denen es egal ist, ob sie aufbauend oder abbauend, ja sogar zerstörerisch sind. Wir nennen sie Neutras. Sie sind eigentlich bequem, überlegen nicht und helfen denen, die in der Überzahl sind. Genau deshalb ist es eure Aufgabe, darauf zu achten, dass die aufbauenden Mikroorganismen immer mehr sind als die abbauenden oder zerstörenden.

Für den Boden und alle Lebewesen ist das gut, wenn ihr immer stärker werdet. Dann fühlen sich alle wohl, können schnell heranwachsen, bestens gedeihen und gut zusammenleben. Ihr werdet schließlich mit allen Mikroorganismen, egal was sie bewirken, friedlich nebeneinander leben."

Staunend hängen alle kleinen Mikroorganismen an den Lippen der Lehrerin, die weitererzählt:

„Manche Mikroorganismen brauchen den Sauerstoff aus der Luft, wie auch die Menschen. Andere leben wieder ganz ohne Sauerstoff. Aber ihr helft euch gegenseitig, und so können alle in derselben Umwelt leben. Es kommt noch besser, ihr seid in der Lage, euch untereinander zu versorgen."

An den Gesichtern von Effi, Miki und allen anderen kann die Lehrerin erkennen, dass viele der heranwachsenden Mikroorganismen sie nicht ganz verstanden haben. Sie weiß, dass das schwer zu begreifen ist und wird es ihnen in den nächsten Tagen noch öfter erklären.

Nach einer Pause, in der alle genüsslich in der Flüssigkeit schwimmen und vom Brei naschen, spricht ein weise aussehender Lehrer über die Geschichte der Mikroorganismen:

„Unsere Vorfahren haben es vor Milliarden von Jahren erst ermöglicht, dass die Mutter Erde ihr heutiges Gesicht hat. Sie haben durch ihren unermüdlichen Einsatz eine giftige Gashülle um die Erde in die heutige Luftschicht verwandelt. Erst lange danach konnten so Pflanzen, Tiere und Menschen mithilfe der Mikroorganismen auf unserem Planeten heranwachsen. Unsere Vorfahren waren die ersten Lebewesen, und durch sie konnten alle anderen erst entstehen. Auch heute ist ein Leben auf dem Planeten Erde ohne uns nicht denkbar.

Auf diese Leistung dürfen wir wirklich stolz sein."

„Und damit noch nicht genug. Wir sind in und auf den menschlichen Lebewesen in viel größerer Anzahl vorhanden, als sie selbst Körperzellen, also winzige, für sie unsichtbare Teilchen, haben.

Aber wir sind auch auf allen anderen Oberflächen, im Boden, auf und in den Tieren, den Pflanzen mit ihren Wurzeln, ja einfach überall gegenwärtig. Ohne uns geht eigentlich gar nichts!

Wir haben draußen unser Leben lang Bedeutendes und Wichtiges zu tun! So wird uns nie langweilig. Effektive Mikroorganismen helfen der Mutter Erde Tag und Nacht, wenn es die Beschaffenheit der Natur zulässt."

"Alle Lebewesen brauchen uns Mikroorganismen. Ohne uns wäre ihre Gesundheit ständig in Gefahr. Ihre Nahrung würde nicht richtig ausgenutzt, und sie würden sich täglich auf das Neue vergiften.

Lange Zeit haben uns die Menschen unterschätzt. Sie dachten, dass wir ihnen schaden könnten, aber nun haben viele von ihnen entdeckt, wie wichtig wir, gerade die aufbauenden Mikroorganismen, für sie sind.

Für die zahllosen Pflanzen, Tiere und bei Milliarden von Menschen ermöglichen wir erst, dass sie ihre Nahrung verwerten können. Aber auch das Ausscheiden der Restprodukte wird von uns organisiert.

Bemüht euch gerade deshalb in den kommenden Tagen, besonders gute und starke Effis und Mikis zu werden."

In einer Pause beim Schwimmen in der warmen Flüssigkeit entdecken Effi und Miki viele andere winzige Organismen. Das sind in erster Linie Hefis, Regeneras, Milchis, Fotis und noch andere. Sie alle unterstützen die Effis und Mikis beim Heranwachsen. Immer wieder denken sie an die Aufforderung der Lehrerin, dass sie in der Überzahl sein müssen, damit die Neutras auf ihrer Seite mithelfen.

Alle heranwachsenden Mikroorganismen dösen im warmen, süßen Brei, naschen davon und haben viel Spaß dabei.

Ein erfahrener Lehrer erzählt: „Auch wenn ihr in der Überzahl seid, sollt ihr auf der Hut sein. Es gibt für euch keine Pause und kein Ausrasten.

Ist die Nahrung, also der Boden, das Wasser, oder wo immer ihr euch befindet, in Ordnung, müsst ihr euch ständig vermehren, damit euch die zerstörerischen Mikroorganismen nicht überflügeln können. Seid fleißig und vermehrt euch, so kann euch niemand verdrängen."

Da fragt Effi: „Aber wie geht das, dass wir uns vermehren?"

„Wir sind Einzeller, und durch gute Nahrung wachsen wir schnell heran. Sind wir groß genug, dann teilen wir uns einfach in der Mitte und sind auf einmal zwei. Jeder der beiden ist gleich wie der andere. Und das geht unter guten Bedingungen dann immer so weiter. Aus zwei werden vier, aus vier acht, aus acht sechzehn, und so werden wir schließlich eine unzählige Schar."

Aufgeregt fragt Miki: „Aber geht das, dass wir uns zu jeder Zeit vermehren?"

„Gut gefragt, Miki! Wenn es zu kalt wird, dann funktioniert es nicht, und ihr schlaft ein."

„Und im Winter bei Eis und Schnee?", ruft Effi heraus.

„Da ruht ihr genauso, bis die Temperatur wieder ansteigt. Ab sieben Grad plus heißt es, sich vermehren, die Neutras für euch gewinnen und Acht geben, dass ihr genug Nahrung zur Vermehrung habt!"

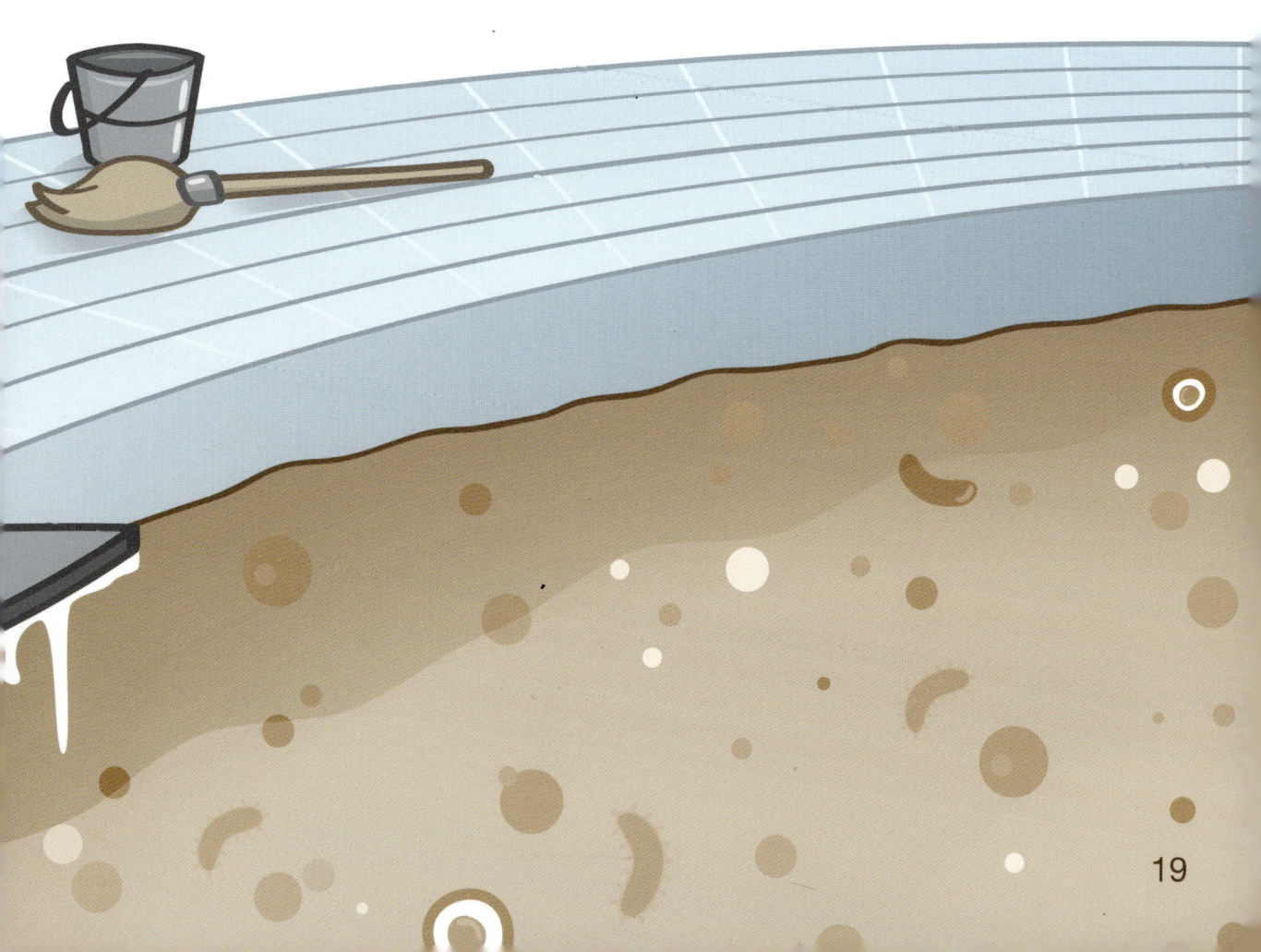

„Wozu sind wir eigentlich da?", fragt fast flüsternd ein ziemlich Schüchterner, der vorher nicht besonders aufgepasst hat.

„Die Menschen haben durch ihr Handeln auf Mutter Erde die natürliche Umwelt gestört. Ja, sie pflügen den Boden oder graben ihn um, verwenden künstliche Düngemittel und für Pflanzen giftige Spritzmittel. Ihre Tiere bekommen ungesundes Futter, sie putzen mit chemischen Reinigungsmitteln, nehmen viele Medikamente, und durch alle diese künstlichen Stoffe ist die Welt der kleinen unsichtbaren Helfer, die auch ihr seid, aus dem Gleichgewicht geraten.

Aber ihr könnt, wenn ihr in der Überzahl seid, in den Menschen, Tieren, Pflanzen, in der Erde, im Wasser und auch in der Luft einen für alle und alles wieder angenehmen Zustand herbeiführen."

„Ihr meistert als kleinste Lebewesen lebenswichtige Arbeit für gesunde Menschen und für eine saubere Umwelt", sagt eine andere Lehrerin ernst.

„Durch eure Mithilfe sind Menschen gesund und fühlen sich wohl, genauso geht es den Tieren. Pflanzen gedeihen besser und sind kräftiger. Die Erde bleibt und wird auch wieder fruchtbarer durch eure Arbeit. Das Wasser bleibt rein, und ihr helft, Schadstoffe abzubauen. Ihr könnt sogar alles Kranke und übel Riechende wieder in Ordnung bringen. Hauptsache ist aber, ihr seid in der Überzahl!

Aber Schluss für heute! Ihr braucht viel Bewegung für euer Wachstum", meint sie schließlich und entlässt die Effis und Mikis ins süße Wasser.

Die heranwachsenden Organismen schwimmen nun im angenehm warmen Wasser, naschen von der süßen Nahrung und plaudern über das Gehörte.

„Die Sonne ist für uns auch nicht gut", meint einer neben Miki. „Wir müssen uns vor ihren direkten Strahlen hüten, da können wir uns nur kurze Zeit vermehren und sterben ab. Erinnert ihr euch?"

„Ja, richtig!", das hat ihnen der ältere Lehrer gesagt, überlegen Effi und Miki. Wer kann sich schon auf Anhieb alles merken?

Da erinnert sich Effi: „In den Kühlschrank dürfen wir auch nicht hinein. Das halten wir genauso wenig aus wie die Sonnenstrahlen!"

„Am besten ist es, wenn wir kühl und dunkel aufbewahrt werden, bis wir zum Einsatz kommen", setzt Miki das Gespräch fort.

„Wenn die zerstörerischen Mikroorganismen immer mehr werden, wird alles kränklich und kann nicht weiterwachsen. Es entstehen Fäulnis und belastende Stoffe. Diese können einen Lebensraum stark schwächen und sogar vergiften. Gerade deshalb seid ihr so wichtig. Ihr lasst nichts faul werden, sondern durch eure Hilfe fermentieren verschiedene Stoffe, und alle guten Inhalte bleiben bestehen und werden noch verbessert", erzählt ein erfahrener Lehrer.

„Was heißt fermentieren?", will Effi wissen.

„Das kann ich euch mit dem Riechen erklären! Wenn die abbauenden Mikroorganismen zum Beispiel Essensreste zerlegen, dann entsteht ein übler Geruch und es kommen lästige Fliegen und Mücken dazu. Aber bei eurer Arbeit entsteht ein angenehmer süß-säuerlicher Duft, und zusätzlich erzeugt ihr wichtige Nährstoffe für alle."

Da mischt sich eine junge Lehrerin ein:
„Die Menschen nutzen uns schon sehr, sehr lange. Ohne uns gäbe es weder Brot noch Käse, Joghurt oder Sauerkraut. Aber auch für so manches Getränk sind wir zuständig.

Wir wollen mit den Menschen, Tieren und Pflanzen gut zusammenleben. Wir brauchen sie für unsere Nahrung, und sie brauchen uns, damit sie gesund sind und sich wohlfühlen. Aber auch mit den übrigen Mikroorganismen pflegen wir das Gemeinsame. Wir kämpfen mit niemandem, aber wir achten auf ein gesundes Gleichgewicht."

Nun ist wieder Üben auf dem Stundenplan.

Alle lernen, sich richtig zu bewegen und bestimmte Plätze gemeinsam zu füllen, ohne aneinanderzustoßen. Anfangs waren die Effis und Mikis noch etwas unbeholfen.

„Gut macht ihr das!", lobt sie der Lehrer trotzdem, „es wird von Minute zu Minute besser!"

Das entfacht den Ehrgeiz der kleinen Mikroorganismen, und sie strengen sich besonders an.

Ab und zu hören sie den Lehrer: „Ihr müsst vorsichtiger sein! Versucht niemand wegzustoßen! Ladet die Neutras ein, sie helfen euch!"

Müde schwimmen sie später in ihrem noch süßen Brei und ruhen sich aus.

Bald danach üben sie weiter. Die meisten Mikroorganismen sind zusammengedrängt in der Mitte der Schule.

Sie müssen die Neutras spielen. Eine kleine Gruppe am linken Rand stellen die Negis, die zerstörerischen Mikroorganismen, dar, und ein weiterer kleiner Teil, Effi und Miki gehören dazu, dürfen die Effektiven Mikroorganismen sein.

Sie werden auf die Regeln aufmerksam gemacht und dann gibt eine Lehrerin das Kommando:

"Auf die Plätze, fertig, los!"

Da geht es rund in der Schule. Die wenigen Negis wollen die Neutras auf ihre Seite bekommen, diese weichen zurück, finden bei den Effis und Mikis Aufnahme und gehören zu ihrer Gruppe.

Bald haben die Effis und Mikis die größere Gruppe. Aber die Negis ändern ihren Plan und kommen von der anderen Seite und werben um die Neutras.

So steht es nach einiger Zeit unentschieden.

Aber die Lehrerinnen und Lehrer rufen ständig: „Gut so, weitermachen, nicht stoßen und trotzdem den Platz besetzen!"

Mit viel Geschick und Ausdauer schaffen es die Effis und Mikis schließlich, alle Neutras auf ihre Seite zu bekommen. Nun sind die Negis eine so kleine Gruppe, dass sie sich nicht mehr getrauen, sich zwischen die Effis und Mikis zu drängen.

Schließlich sind auch die Negis bereit, Effis und Mikis zu werden. Die Effektiven Mikroorganismen haben das Spiel gewonnen.

„Das war ein tolles Spiel!", ruft Effi Miki zu, „das könnte ich immer spielen."

„Wenn die Schule vorbei ist, dann machen wir das ein Leben lang", schreit Miki zurück.

Die Schule ist für Effi und Miki ein einziger, riesengroßer Spaß. Oft trainieren sie mit den anderen Mikroorganismen für das Leben draußen, wenn sie dann wirklich für die Mutter Erde arbeiten dürfen. Sie erkennen bald, wie wichtig es ist, dass alle zusammenarbeiten und einander helfen.

Aber auf eines sind sie besonders neugierig! Wie wird das funktionieren, wenn sie sich vermehren?

„Wenn wir groß genug sind und uns teilen, wer bin dann ich und wer ist der andere?", fragt Effi besorgt.

Miki bemerkt unsicher: „Das ist das große Geheimnis, aber es wird schon funktionieren, wenn wir in der Schule gut aufpassen und uns alles merken."

„Wenn die Voraussetzungen stimmen, dann geht die Teilung ganz schnell vor sich. Ihr bemerkt es kaum, denn ihr seid zu beschäftigt und seid froh, dass euch weitere Effis und Mikis helfen!", beruhigt sie schmunzelnd ein Lehrer.

„Diese Vermehrung geschieht auch ständig in unserem Schulhaus. Was glaubt ihr, wo die vielen Effis und Mikis herkommen? Niemand kann auf dieser Erde alles verstehen!", hakt eine Lehrerin nach und beendet das Gespräch.

Später erklärt der Lehrer ihnen ein weiteres wichtiges Ziel für das Leben draußen: „Wenn ihr alles richtig macht, kann sich die Erde, in der die Pflanzen wohnen und von der die Menschen und Tiere leben, durch eure Unterstützung vollständig verändern.

Ihr könnt wie gute Feen und Zauberer alles auf der Welt zum Guten wenden."

In der Schule wird es ganz ruhig, nichts bewegt sich, und alle hören aufmerksam, was der Lehrer erzählt:

„Dort, wo der Boden keine Früchte mehr wachsen lässt, die Tiere den Platz meiden, weil sie keine gute Nahrung finden, die Menschen sich die Nase zuhalten, weil es so übel riecht oder manche sogar krank werden, da könnt ihr alles zum Guten wenden und den Boden wieder fruchtbar machen."

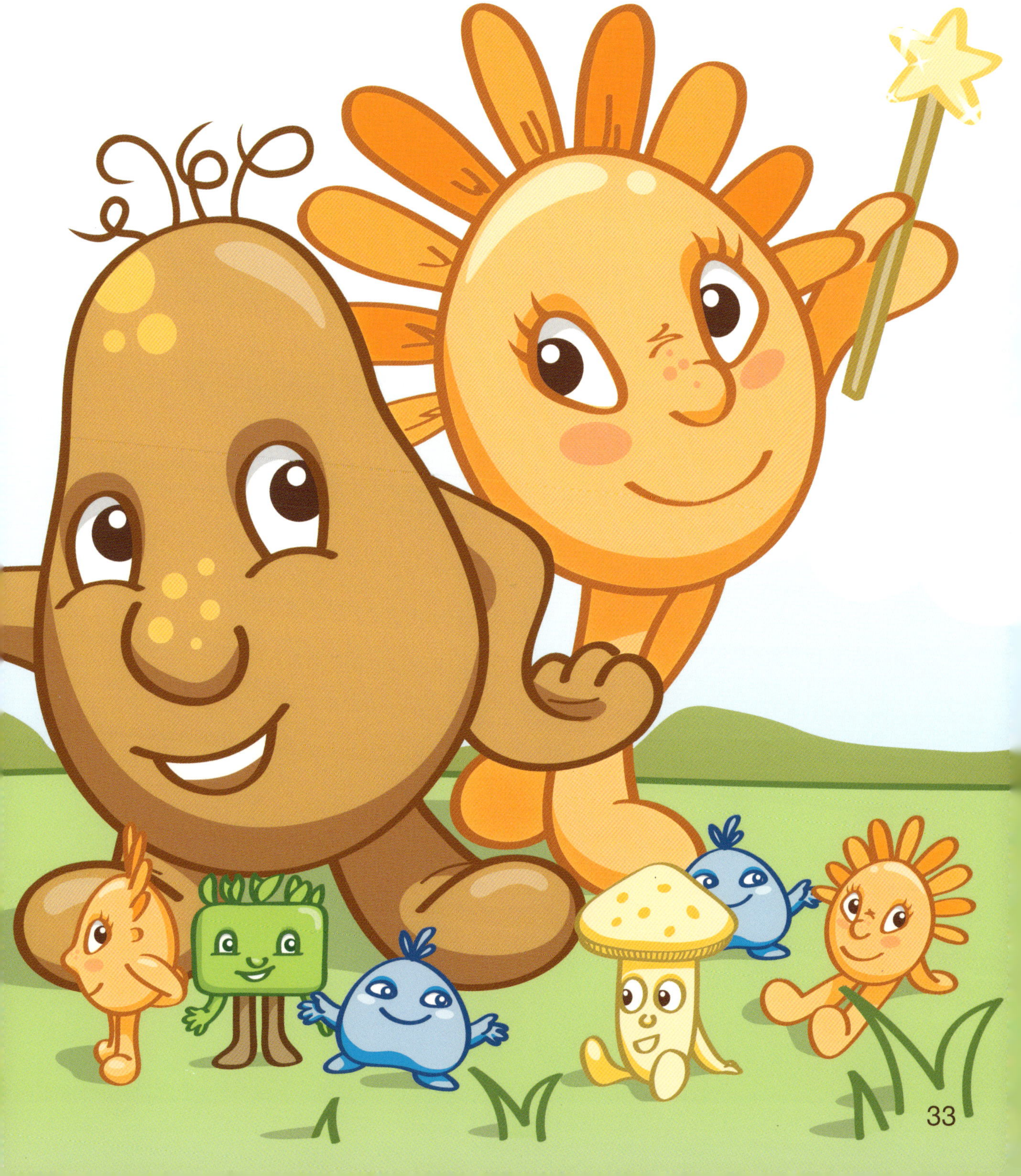

„Ihr müsst, wie schon gelernt, die Neutras auf eure Seite bringen und die Negis beobachten, damit sie eine kleine Schar bleiben.

Die Temperatur muss auch stimmen. Es darf nicht zu kalt sein und schon gar nicht gefrieren. Außerdem braucht ihr Futter, damit ihr euch vermehren könnt. Dieses bekommt ihr von den vielen Wurzeln der Pflanzen. Wenn alles für euch passt, könnt ihr einen unfruchtbaren Boden in eine gute, fruchtbare Erde verwandeln.

Ihr versorgt die winzig kleinen Erdkrümelchen mit wichtigen Stoffen. Damit verändert ihr das Bodenleben in der Erde.

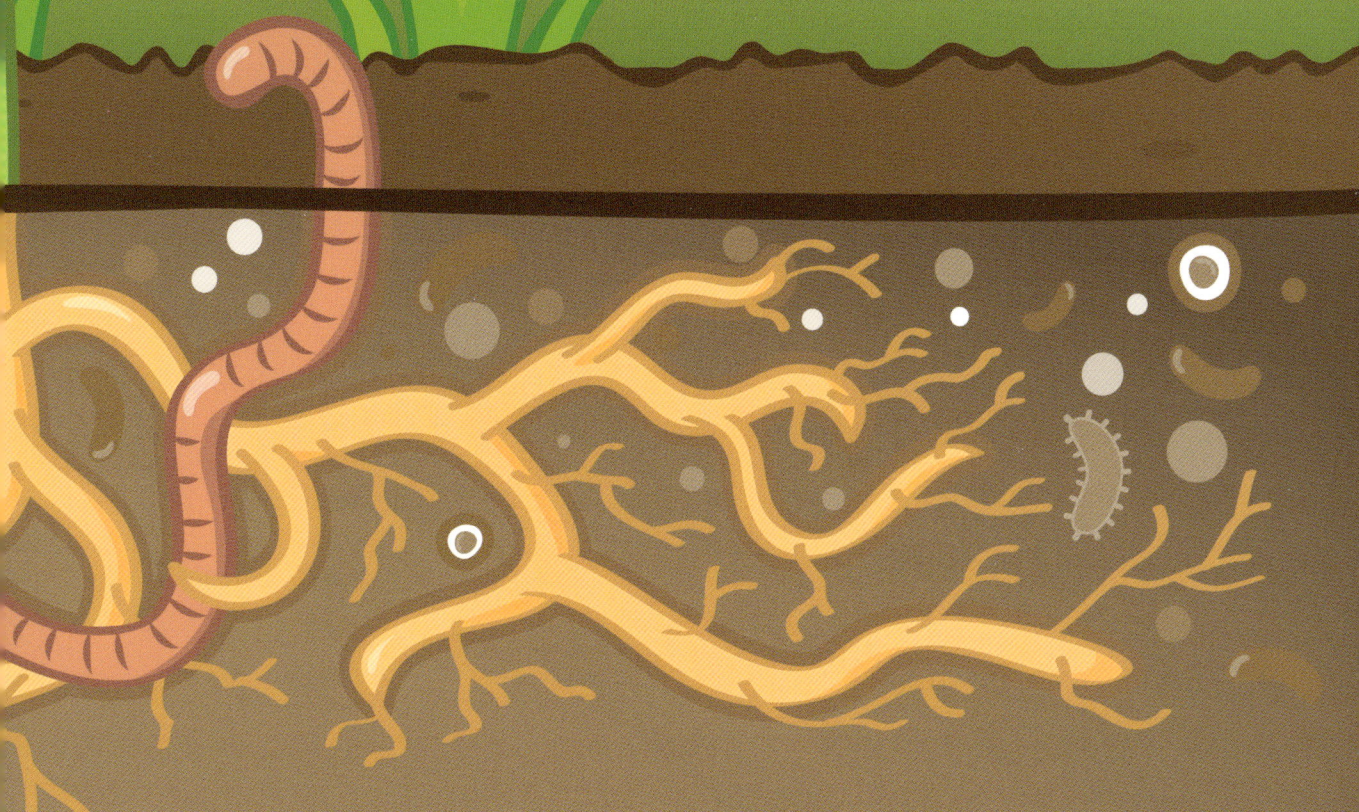

Dann kommen die Regenwürmer wieder und lockern die Erde, und die vielen Millionen für die Menschen unsichtbaren Helfer sind auch wieder da. Der Boden ist dann krümelig und fruchtbar."

Lange denken die Effis und Mikis darüber nach und staunen, was sie gemeinsam erreichen können.

Alle Effis und Mikis schwimmen zwischendurch stundenlang im Wasser und naschen wieder von dem Brei. So werden sie immer kräftiger und stärker. Und sie üben miteinander ständig das Spiel, wie sie die Neutras für sich gewinnen können.

Durch die richtige Wärme, die Dunkelheit und ohne Sauerstoff funktioniert alles bestens. Effi und Miki haben sich niemals gedacht, dass es in der Schule so angenehm ist.

Wieder lernen sie ein großes Geheimnis kennen.

„Fertige Effektive Mikroorganismen sind eine süß-säuerlich schmeckende bräunliche Flüssigkeit. Wenn ein Mensch einen rostigen Nagel zwischen euch hineinlegt, dann könnt ihr in einigen Tagen den Rost beseitigen, und das Metall ist wie neu. Auch im Boden ist, obwohl wir es nicht sehen, Rost. Die Menschen nennen das Oxidation. Die könnt ihr ebenso beseitigen. Dadurch wird die Erde fruchtbarer.

Ja, sogar in Körpern von Menschen und Tieren können Mikroorganismen die Oxidation beseitigen.

Das ist eine von vielen wichtigen Aufgaben in eurem Leben!"

Probier dieses Experiment selber aus! Du wirst staunen!

„Und ihr sendet Schwingungen aus, die gut auf eure Mitwelt wirken. Diese unsichtbaren Strahlen, die niemand hören, sehen, riechen und spüren kann, sind sehr wichtig, damit das Leben auf unserer Mutter Erde gut funktionieren kann.

Viele Aufgaben werdet ihr erst kennenlernen, wenn ihr im Einsatz seid, denn Effektive Mikroorganismen setzen sich immer dafür ein, dass sie gemeinsam mit den anderen Gutes tun können", prägt ihnen der Lehrer noch ein.

Effi und Miki haben schon gemerkt, dass der Brei, in dem sie schwimmen, nicht mehr süß, sondern eher sauer ist.

„Die Schule wird bald vorbei sein", meint Effi.

„Aber wir zwei bleiben immer zusammen oder?", fragt Miki und sieht dabei Effi in die Augen.

Dann nehmen sie sich in die Arme und drücken sich fest aneinander.

In diesem Augenblick werden alle Effis und Mikis zusammengerufen.

Voll Freude verkündet die Lehrerin: „Eure Schulzeit ist nun vorbei. Ihr habt euch großartig entwickelt und seid nun fertige Effektive Mikroorganismen. Die Schule wird nicht mehr geheizt, und ihr sollt euch für den ersten Einsatz ausruhen. Solange, bis die Menschen wissen, wo sie euch brauchen, bleibt ihr da. Gruppe um Gruppe wird dann entlassen und von den Menschen auf verschiedene Orte verteilt."

„Bleiben wir nicht alle zusammen?", fragt ein besonders Kräftiger.

„Nein, leider nicht, aber vielleicht trefft ihr eure Schulfreundinnen und -freunde, wenn ihr fleißig bei der Arbeit seid", gibt die Lehrerin lächelnd zur Antwort.

Die jungen, fertigen Mikroorganismen werden daran erinnert, dass sie immer in der Überzahl sein sollen, dass sie übel riechende und sogar giftige Stoffe wieder in gute umwandeln, Fäulnis verhindern und den Boden, das Wasser, die Menschen, die Tiere und die Pflanzen stärken können. Sie werden in der Zukunft viele Aufgaben an verschiedenen Orten zu erfüllen haben und der Mutter Erde helfen, die Welt in Ordnung zu halten. Sie sind ein wichtiger Teil im Leben der Menschen und für den ganzen Planeten. Ohne sie würde es kein Leben auf der Mutter Erde geben.

„Freut euch auf die Zukunft und auf die Aufgaben, die auf euch zukommen. Erinnert euch immer an das, was ihr hier gelernt habt. Helft euch gegenseitig, teilt euch möglichst schnell und oft und achtet auf die Neutras, damit sie mit euch arbeiten. Dann seid ihr in der Überzahl und könnt eure Ziele erreichen!", sagt der Lehrer zum Schluss.

Effi und Miki warten gespannt auf ihren ersten Einsatz. Wann werden sie aus dem abkühlenden Schulgebäude geholt, und wo werden sie landen? Im Garten, im Wasser, im Haus oder auf einem Acker? Oder ganz woanders?

Jedenfalls haben sie sich fest vorgenommen, ihre zukünftigen Erlebnisse allen weiterzuerzählen.

Versuche das Rätsel zu lösen!

Schreibe die Anfangsbuchstaben der Wörter unter das jeweilige Bild! Die Lösungsworte sagen dir, worauf du dich freuen solltest!

A B E N T

M I T _ E

U N D _ M

E   U   E   R

F   F   I

I   K   I

WORTERKLÄRUNGEN FÜR ERZÄHLERINNEN

Aufbauende Mikroorganismen - stellen den Urzustand wieder her

Abbauende Mikroorganismen - zerlegen organisches Material

Bakterien - kleinste einzellige Mikroorganismen

effektiv - wirksam (kommt aus dem Lateinischen)

Einzeller - Lebewesen, die aus einer Zelle bestehen

Fermentation - Umwandlung von organischen Stoffen durch Mikroorganismen

Fotis - Fotosynthesebakterien

Hefis - Hefepilze

Milchis - Milchsäurebakterien

Mikroorganismen - Kleinstlebewesen - nur mit dem Mikroskop sichtbar

Negis - Negative Mikroben

Neutras - opportunistische bzw. neutrale Mikroben

Oxidation - Reaktion von Stoffen mit Sauerstoff

Regeneras - regenerative bzw. aufbauende Mikroorganismen

Zerstörerische Mikroorganismen - negative Mikroorganismen

Zuckerrohrmelasse - zähflüssiger Sirup, der bei der Produktion von Rohrzucker anfällt